뭉 툭

뭉툭

초판1쇄 발행 2020년 5월 15일

지은이 김선아
펴낸이 이길안
펴낸곳 세종출판사

주소 부산광역시 중구 흑교로 71번길 12 (보수동2가)
전화 463－5898, 253－2213~5
팩스 248－4880
전자우편 sjpl@chol.com
출판등록 제02-01-96

ISBN 979-11-5979-352-3 03810

정가 10,000원

이 도서의 국립중앙도서관 출판예정도서목록(CIP)은 서지정보유통지원시스템 홈페이지(http://seoji.nl.go.kr)와 국가자료공동목록시스템(http://www.nl.go.kr/kolisnet)에서 이용하실 수 있습니다. (CIP제어번호: CIP2020019313)

* 잘못된 책은 교환해 드립니다.

뭉 툭

김선아 제 4 시집

세종출판사

시인의 말

시퍼런 강물

그 징검돌 위에 서 있는 느낌이다.

한 발은 이쪽, 한 발은 저쪽

건너는 심정으로

네 번째 시집을 발간하면서

끝돌까지 무사히 도달할 수 있기를

가족과 지인과 주변인께

고개 숙여 고마운 마음 전한다.

2020년 5월

김선아

차례

1부

2부

3부

4부

1부

바람의 향기

너에게 바람이 있듯이
내게도 바람이 있으면 좋겠다

봄의 바람
강의 바람
나무의 바람

바람의 향기는 닻을 모른다
비의 닻
첫눈의 닻

닻이 없는 내게도
닻이 없는 바람의 향기가
머물렀으면 좋겠다.

발

오늘도 살얼음 같은 삶
바닥 쳐 보지만
비껴갈 수 없네
정복처럼 일어나는 작은 풀 한 포기도
이미 땅 위를 다 하고 누운 주검까지도
짓밟고 지나가야 하는 숙명의 발

발꿈치마다 흰 꽃을 피우며
조문하고 간다
조문하다 지치면
돌아와 발라내는 그렁한 땀 누런 말들
수돗물 틀어 놓고 수북하게 쏟아 낸다
생멸을 밟고 온 발이 맨발로 속죄하고 있다

바람과 해먹

바람은 해먹을 잡아 두고 싶어
수없이 흔들고
해먹은 바람을 잡을 수 없어
수시로 제 몸을 민다

보이지 않는 것이 제 탓 같아서
해먹은 늘 배가 고프고
잡고 있지 않으면 멀어질 것 같아서
밤이나 낮이나 바람은 풍경을 쳤다

보이는 것과 안 보이는 것은 포장 차이일 뿐
보이는 것은 온몸으로 부딪혀서 생을 꾸렸고
안 보이는 것은 사력을 다해 앞잡이 했다
해먹이 움직일 때마다 풍경은 소리를 냈다.

무위사 새벽 예불

강진 무위사 새벽 예불은 분명 5시
4시다 3시 반이다 설왕설래했지만

별빛으로 눈 씻고 찬 공기로 양치하고
삼존불에 삼배 후 벽시계를 보니

오호 까만 바늘은 5시 20분
속박에서 벗어나 자유로우라 했건만

대차게 주창하던 목소리들은 모두 어디
길고 짧은 새벽 비 세간의 영역 지운다.

홍매

달력 속 홍매가
잊었던 기억을 들추어낸다
속옷을 갈아입고 화장을 하며
타올랐던 한 폭의 어린 동양화
하나라서 돋보였던
그 하나가 감쪽같이 사라졌다
홍매화가 홍매화인 줄 모르는
또 다른 누군가가 뽑아
어느 트럭으로 팔려 갔을까
장작더미에 던져졌을까
달력 속 청기와를 반쯤 가린
풍경 속에서
한순간을 생이별로 마감한
심중의 절 한 채
그 찰나를 함께 한 기품 본다.

동초

공짜 청무우를 먹으며
청신녀가 된 듯
연기처럼 박혀 있는 골격마다
동초가 돋는다

길고 여윈 일꾼이
착해서 주어버린 이중 표정을
몇 배 품삯처럼 치른
원색 이파리 무수히 걸어 나온다

겨울이 넘나들던 밥상 위로
외풍이 저만치 가고
뱃속 가득 흩어졌던 들판이
어두워서 보이지 않던 울타리를 친다

누구를 위한 한 상인가
누구를 위한 치유인가
하루의 노동을 땅에서 거둔 신화가 선명해지는
나눔의 법칙 이슥해지도록 배운다.

물소리연록차

벽장 안에는 화개장터에서 사 온
생활복 여러 벌
스탠드 옷걸이엔 부산진시장에서 천 원씩 주고 산
빨강 파랑 꽃모자
신발장에는 아무 발이나 쑥 들어가는
흙 묻은 운동화 장화 여러 켤레

기장군 백동리 물소리농원에는
상추 오이 가지 고추
매실나무 살구나무 각종 과수 수종 있지만
옻칠전시회 관람 잘하고
돌아오는 29인승 버스 안에서는
우리가 따고 우리가 말린 차
물소리연록차라 자랑하며 호흡을 축입니다

골고루 알아차릴 완벽한 시간 풀지 않으시려나요
긴 마음 짧은 마음 잔뜩 피운 잔등에
피지 못한 사람 냄새까지 풍기며 초록으로 가는
우리는 가부좌 속으로 진화하는 당신 두드리는
차나무 더운 김 담겨 있는 송이송이 차나무.

기우뚱

한쪽 짧은 다리가
한쪽 넓어진 우주를 건너고 있다
하루 생활을 아쉽게 매만지며
양이 된 시간을 건너고 있다
멀리 짚어야 따라갈 수 있고
짧게 짚어주어야 균형을 맞출 수 있는
막막한 거리

앞서가는 너를 보면
언제나 나는
짧은 손 짧은 다리
한 모금이라도 살아가고 싶은 나는
사력을 다해 불덩이를 몰고 가는
해볼 만한 기우뚱
가슴팍에 철꽃이 차고 있다.

헤어지는 연습

범우문고033 조병화 시집을 편다
'헤어지는 연습을 하며'에서
이승과 작별 중인 어머님과
이별을 준비 중인 나를 만난다
혼자밥 위로 아침 해가 널따랗게 떨어지고
슬픔도 없는 쓸쓸함이 역류할 때까지
책 도둑은 도둑이 아니라던
국어 선생님의 호소를 기억한다
도둑이 와서 옷 다 가져갔다고
삼층장 옷 모두 자개농 미어터지도록 옮겨 넣던
온갖 어지럽던 소리 모두 도둑맞고
하얀 고봉밥 올리던 환한 모습으로
아플 때 약 주는 아들
용돈 주는 아들
밥 먹여주는 아들
어제도 오고 오늘도 오고 고맙다
연신 고맙다고 하시던 어머님은 이제
어머님의 일생을 모다가는 도둑님
헤어지는 연습을 도둑한 내가
시집와서 낀 시집 때를 모두 도둑맞는 중이다.

개구리소래 흘러넘쳐 나던 곳

– 박차정 의사 생가

복천동에서 나서 좌천동 일신여학교로 중국으로
열아홉에 뛰어들어 서른넷 눈 감을 때까지
수감과 고문과 병보석과 가석방에 거침없었던
순국열사가 태어난 곳
개구리소래 흘러넘쳐 나던 곳

조선 민족의 깃발을 불꽃처럼 가슴에 꽂고
믿음도 상처가 되고 쓰라림도 역사가 된 곳
주검도 없이 돌아와 벙어리인 채 살아가는 곳
이제는 태극기의 함성이 담을 넘을지라도
총칼 앞세워 누구도 구속하지 않는 곳

그곳이 우리 동네에 있었네
동래고등학교 옆 좁은 골목 안
아직 남은 봄이 넓고 푸르른 하늘을 우러러
눈물 한 방울 없이 자유를 누리네

삶의 궤적이 입도 열어놓고 귀도 열어놓고
아버지 어머니 남편 오라버니 언니 이야기
거목으로 걸려 있는 곳

국가보훈처에서 살펴 주는 곳
인적 드문 곳

초가지붕만 있고 빈터였다는 그곳을
사람들은 순국 육십일 년이 지나서야
복원을 하고 태극기를 걸고
풀피리 소리 어울리는 박차정 의사 생가라고
성큼성큼 현판을 붙였다.

*「개구리소래」- 일찍 세상을 떠난 언니 수정을 그리워하며 쓴 작품으로, 동래 일신여학교 교지『일신』2집 (1928년)에 수록.
(자료 박차정 의사 생가)

송공단

동래에 머물고 있네
동래시장이 첫발이네
이른 새벽부터
동공 속에 비쳐든 다시 뿌연 새벽까지
하늘을 움켜 겨누며
가물가물 주검 밖의 눈망울까지 범람을 이루던
무덤 속 무덤 조심스레 민감하게
호된 이름만 골라 조상처럼 숨 쉬고 있다
온몸 사라져도 수런수런 들리는 그날의 검푸름
서로 호명처럼 서 있다
의리에 승리하고
패배에 인색하지 않았던 사람들
동래 사람들
동래를 지켰던 사람들
동래에 묻혀 동래 흙덩이를 움켜쥔 사람들
시장 사람들은 알겠네
천막에 지붕을 얹은 장바닥에 기대어
제사를 지내고 추념식을 거행하고
휴머니즘이 지나가고 더불어 살아가고
지나가는 사람들이 여행을 일삼는 몫을 내어주는
동래 사람들
오랫동안 떠나지 않는 송공단 사람들.

덕숭산 환희대

풍경소리 미끄러지게 울고 웃던 수풀
이제 없지
고독하게 적막을 끼룩이던 한 폭의 흙 마당
어디도 없네
형형색색 단청이 이어지고
샘 솟듯 솟는 구릿빛 뾰족한 석탑
구슬처럼 흘러가고 흘러오는 발 무리 말 무더기

잡다한 허무를 두고 내려오는
그분 계신 곳
느티나무 그대로
돌담 너머 간장 빛 장독 그대로
한나절 우는 까치도 그대로
촛불단도 그대로
저녁 예불 간다는 그때 그
세미나 비구니 스님의 기억 그대로

위로는 아무나 받나
변신의 무리 그대로 두고
말없이 슬쩍 나누어 가지는 짚 냄새 흙냄새
만나지 못하지만 만나고 가는 어떠한 눈물
아프지 않은 덕숭산 환희대.

우리는 천 원

콩나물시루에서
작고 통통한 콩나물이 한가위를 쇠고 있다

부전동 재래시장 복잡한 틈바구니에서
시장바구니 갑을 향해 을을 하고 있다

고개를 들고 올려다보지도 못하면서
'우리는 천 원' '우리는 천 원'

사각 나무판에 또박또박 삐뚤삐뚤 쓴 글자에
가다 말고 멈추어 서서 빙긋 웃는 사람들

콩나물은 안 보고 글자만 본다
천 원 한 장씩 꺼내 들고 천 원 천 원

콩나물 주인도 천 원이요 천 원
누군가를 위하여 단돈 천 원짜리 추석 장.

나는 모른다

그는 흥미로워했다 노후 현상에 대하여
그리고 주사를 놓았다

마취 기능이 다 할 즈음
병실은 바뀌어 있었고 알파벳을 읽게 했다

글자는 흐렸다 두 겹 세 겹씩 움직거렸다
쪽빛 물음에 모래 바람이 일었다

서서히 사물이 보이기 시작했다
완벽한 상실

나의 반응을 나는 모른다
용기가 필요했다.

점촌 부고

진정 헤어짐은 한순간이네
예기치 않은 순간이라면 그래도 받아야지
덥다고 더운 바람 춥다고 추운 바람
콩 타작했다고 잡초 뽑았다고
국화차 다 만들었노라고 먼저 간 안사람 안부 주던
그는 낙향 전부터 시조 쓰는 병산서원 재유사

사별 뒤 다짐도 있었지
이장 그만두었다고 집에만 있지 말기
밥 먹기 싫다고 한꺼번에 많이 먹지 말기
해설사 가는 날은 물병에 물 가지고 나가기
비 오고 눈 오는 날에는
오토바이 말고 자동차 운전해서 나가기
유고집 나올 땐 꼭 한 권 주라고 당부하고 가기

우리가 믿어 주던 사색의 계절에
시월의 바람은 마른 잎처럼 무정하게 지고
아직은 거짓 같은 웃음 반 슬픔 반 이 거리에서
지지 않을 시처럼 한 줄 마음 낙엽처럼 부려본다.

하얀 핀을 그대로 꽂고

이별은 머리에 묻어야 한다고
가슴에는 묻지 말아야 한다고

머릿속 기억은 세월이 가면 잊어버리지
가슴 속 이별은 아프기만 하지 많이 아프지

어머님을 잃고 영락공원 외벽을 돌아 나오던 날
넓은 하늘은 밤새 보름달로 사정없이 밝았다

죽음은 갑작스레 끝났고 하루가 다 저문 때에
하얀 머리핀은 같은 표정으로 뿔뿔이 흩어졌다

눈물은 아래로만 흘렀고
집으로 가는 길은 열중하지 않아도 닿았다

머리는 의심하지 않았고
가슴은 인정하지 않았다.

그날을 위하여

산들바람 계곡을 치고 올라 부는
아름드리 속에서

유월은 우리의 가슴 가득하게
그날의 기도를 키우소서

웃자라는 나뭇잎의 율동을 희망처럼 먹으며
햇빛과 물과 바람의 영역 안에서
끊임없이 순종하는 우리는 하나하나 나뭇잎

최초의 젖줄과
눈부신 눈망울과
무어라 손짓하는 앞서간 이의 목청과
일상의 무죄를 일깨우는 노동의 참모습

잦아지는 그 날이여 숨소리여
밤낮으로 순시하는 우리의 섬세한
명분과 불면과 묵음을 믿으소서.

2부

독도

배를 타고 와서 독도를 걷는다
아니다 독도가 아니고
독도를 이어주는 선착장을 걷는다

나는 작은 어항이다
물갈퀴가 없는 한 송이 해조류
발가락이 없는 지느러미
나는 뭍이 거부하는 잉여인이다

가장 멀리 가는 나의 충동은
닿을 수 없으나 슬퍼하지 않는다
태극기를 흔들며 연서를 쓴다

배고프지 않기
노여워하지 않기
해무든 의무든 내일도 피기
애국 잊지 않기 안녕.

부여에서

백제의 눈과 입과 명줄이 흘렀을
백마강 사이사이 손님 되어 환해지려니
동심 타듯 강물처럼 감히 파래지지 못하겠네

구드래 나루터에서 고란사 선착장까지
저 너머에는 사비문을 열어 놓고
용을 품었다는 궁남지가 피고 있다
정림사지가 진실을 빛어내고 있다
벡제대교를 굽어 알맹이를 분별하는 시인 신동엽
성왕과 계백이 사통팔달 갈래를 지키는 나라 부여가 있다

백화정에 올라 국토를 펼치는 부여인을 그린다
낙화암 절벽에서 서로 주고받았을 사후를 동행한다
동행하는 사람아 저 유구한 백마강처럼
우리도 눈 새로 뜨고 새로 피어나는 부여 닮아 볼까
한 발 돌아서도 자꾸만 등 붙잡는
강물 지금도 거기 흐르고 있다.

역사가 된 역사

내가 선 땅 밑에 유골이 있다
내가 선 땅 밑에 선조의 창칼 활 화살 투구 무기가 있다
땅속으로 들어가야만 만날 수 있는 그 땅
그 땅이 축소되어 있다
그 땅이 말라버린 평화로 누워 있다
먼 훗날 내 있을 자리 모르고 내 여기 서 있듯
먼 훗날 그 있을 자리 모르고 거기서 그들은
끝내 복제품으로 돌아와 일침을 가하고 있다
돌멩이로 돌아온 촛불들이
풀리지 않는 지상을 가르고 있는 지금
말이 건너뛸 수 없을 만큼만 폭을 낸 해자 앞에서
해자를 사이에 두고
너는 너 나는 나를 깊은 지하처럼 목도한다
너와 내가 합일해야 하는 이유
부산도시철도 4호선 수안역에 내려 보면 안다
동래읍성 임진왜란 역사관.

영축문학회

영축산을 모태로
영축총림에서 태어났다
빨간 원고지 한 칸을 채워 가듯
영축산에 달이 뜨면 달을 쓰고
다비장에 별이 지면 별을 쓴
꽃시 어언 구 년
순간처럼 걸어 온 고난과 고행과 실천의 길
걷고 걸어 이제 확대된 영축문학회 원년
다시 또 살얼음 걷듯
새벽 종송을 불어 넣고
숨을 마시듯 저녁 북소리를 심장에 심어
꽃보다 풍성한 통도를 발원하는
국통 자장율사 염원이 담긴 곳
범종루 극락보전 옆
가장 먼저 봄을 알린다는 홍매가 뿌리 내린 앞
통도사 명월료에 2019년 9월 19일
방장 중봉 성파 대종사 붓글씨
주지 현문 주선 서각으로
영축문학회 현판을 걸었다.

통도사 반야용선

저 깊고 잔잔한 파도를 타고
웅성거림 없이 앞만 보고 가는 피안의 정토들
회구해 보면 시선을 달리 하는 저 신분은
어느 대해에 두고 온 나의 무게는 아닌지

얼마나 빌어야 저 배를 탈 수 있나
습관처럼 저절로 두 손 모아지나
이 간절함도 탐심이라면
알아차리고 쉬운 길이라 여겨야지

백팔 염주 명호하며 가슴 무릎 닿을 때까지
엎드렸던 법당은 반야용선
말 못 하는 이도 눈 못 보는 이도
오체투지로는 들을 수 있는 극락의 소리

돌아보지도 말고
기웃거리지도 말고
하나가 되어 앞만 보고 가야지
함께 가야지 새로운 탄생을 향하여.

어깨에 비

배알하듯 떨어지는 빗방울을 해탈처럼 맞고도
그래도 움켜쥔 이름처럼 '우산' 하고 불러준다면
비를 맞는 어깨에 고드름 같던 말문이 핑그르르 흘러나온다

침잠된 물길도 가지마다 가득 매달린 물방울이라면
빗방울 걸러내는 바둑판 우산은 무슨 지우개란 말인가
빗금 치는 깊이에 상류도 하류도 실매듭을 푼다

우산이 우산을 받고 있다
바리톤 같은 마음의 공지에도 치렁 풋물이 든다
어디를 걸어도 우주는 한편

재잘거리는 참새처럼 비만 내리면
뜨거움도 차가움도 거기 꼭 있을 것만 같다
가고 없어도 웃고 있다.

가덕도

그저 헛헛 떠 있는 것인지
녹슨 컨테이너 발바닥 밑에 감추고 있는 것인지

단순하게 유순하게
생경한 것들만 보고 만다면

어떤 속마음이
저 안에 수심 같은 벽을 굽어볼 수 있나

들어가면 볼 수 없는 저 대륙을
자꾸만 들어가고 싶은지 탄압하고 싶은지.

구월

여름에 물린 자국들 그대로인데
어디로 갔을까

어디로 보내고 덜 아문 곁
아직 끈적거리나

절반쯤 식어버린 창으로
달빛이 들었다

점차처럼 새겨 받는
새 옷 한 벌

미처 거두지 못한 잔열
수레처럼 간다.

동지 이브

아침을 맞고 모여든 웃음소리 노랫소리
곰살맞은 언니 형님 아우들
입을 틀어막아도 말 많은 손가락들이
한 덩이 달을 부드럽게 떠서 수다를 빚는다

한 알씩 가벼워진 우주는 배다른 형제
사이좋은 분모 분자 체중 읽으며 윤을 낸다
덜 뭉친 곳마다
정숙한 알몸이 비집고 나오는데
아직 다 메우지 못한 손길 쓰다듬으며
그만하면 되었느니라 그만하면 되었느니라

언 손 비비듯 햇살 삼키고
차가운 기운 저도 혼자가 아니라
약속이나 한 듯 빈손 같은 보조개
팥물 고인다.

통도사의 밤

일주문도 불이문도 모두 잠에 든
영축총림 통도사 신년

공양간도 찻집도 선정에 들었는데
금강계단 마당에는 초롱초롱 별만 가득한데

산문 잡아 흐르는 언저리 지켜주는 삼천 물소리
잠 못 자는 발목까지 잡고 흐른다

무엇을 못다 하여 스스로 나와 섰나
짐승도 내려온다는 사무치게 투명하고 서늘한 밤

쉽게 띄지 않는 순간 모두 마비되는 믿음까지
아무도 모르게 영접해야지.

거리

동짓달 밤하늘에 달은 저리도 밝아

보일 듯 말 듯 외별 더 싸늘한데

달은 뉘 광명이라서 저리 밝고

별은 그리 멀어서 속절없이 아픈가

가지 못하고 올 수 없는 거리

너와 나의 거리.

눈

누가 그려 놓았나
금정산 하얀 능선

얼룩 없는 꽃을 피우기 위해
버선발로 밤을 지내고 있었네

무슨 말을 주고받았을까
해를 내리는 하늘을 향해

육모 서리 같은 입김을 내며
불러 본다 누군가 웃어 줄 것만 같은

눈부시게 닮아간다
지극히 광휘를 읊는 새.

무지개

홀연히 술래처럼 나와
먼 이역으로 이끄는 하늘 밑 열차

대추나무 가지 끝 따라 암호를 찍던 손가락 적
머물고 떠남을 알아버린 대화가 꽃빛을 타고 간다

누군가의 둥그런 등이 되어 보는 것
미처 부리지 못한 시간의 종이가 되어 보는 것

갠 비처럼 소생하는 나래를 펄럭여 보는 것
들리네 가슴의 물결 소리

하늘을 달리던 사립문 밖 소리
없어지지 않는 나라 뼛속의 나라.

해운대 빛 축제

겨울에는 빛 축제가 있었네
여름에는 모래 축제가 수평선을 가렸지
저벅저벅 밤하늘 별도 삼키고
바람도 삼키고
수평선 집어등도 삼킨
전기바다가 해운대 백사장에서
사람들을 불러 모으고 있네
이유가 있었네 잠도 안 재우고
아이를 안고 나온 젊은 엄마 아빠
곁에 두고 싶은 청춘 남녀
삼삼오오 떼 지어 모자 쓴 젊은 할아버지들
광채가 찬란한 시작처럼 펑펑 터지는 인증사진
현란함에 묻혀 자리를 감춘 노숙인들 어디 갔을까
구겨진 종이 혼백 같은 꽁초 변명 같은 모래알 어디에
초라한 웃음 날려 버리는 해운대 빛 축제
기억도 없이 만감한 치맛자락 날고
새해 보름달도 한없이 난다.

어부의 눈

사랑도 리필 돈도 리필
리필이 공짜라면
미움도 달라
서러움도 달라 할까

고기잡이 나서는
어람 흔들거리네
한 번도 흔들리지 않을 것 같은 어깨
심히 흔들리시네

물꼬처럼 따라나선 포구에
끼룩끼룩 갈매기 낮게 우는 소리
물고기 우는 소리
빈자리 많음 환공 소리

생도 사도 초연함을 알아버린 기록의 계절에
덤이란 얼마나 정교한 유혹이던가
바다가 입질할 때마다
일처럼 쫓아다니던 방생 파문 인다.

귀가 전

토끼풀 한 다발 아직 전언으로 누워 있다
이제 할 일을 끝냈으니 아무 할 일 없으나
아무 할 말도 많다는 듯

물을 주지 않으면 마를 춘궁을 넘고 있다
고여 흐르던 적막이 허공과 부딪치며
낮의 이야기를 기다리고 있다

벽에 기대어 있는 액자 바닥에 앉아 있는 의자
변함없는 복색의 화초
광선이 지나간 분홍 튤립

신발을 한쪽으로 옮기며
스위치를 누른다 익숙해질 때까지
상황은 아직 귀가 전이다.

다시 또 금낭화

흰옷 입고 나와서
물레를 잣네
나그네 제철처럼 서성거리네

잃지 않은 꿈처럼
낯익은 얼굴 저도 따라서
나도 보노라 무진장 보노라

마주 보고 앉아서
차마 만지지 못하고
진실로 봄처럼 봄꽃처럼 살자고

화색을 잇는 계절에
눈부신 희열이 다시 또 피어
산천이 흘러내린다.

3부

소나무

절벽을 깎아보다가

최후의 선언을 칭칭 감아보다가

어쩌면

바람과 구름과 눈비 모아

진짜배기 심지 한 가닥만으로

딛고 서 있는 푸른 귀 같은 심중 같은

천공에 기원하는 낭떠러지 소나무.

절벽

우주를 다 숨 쉬고도 모자란 음성으로
우뚝 쌓아 올린 자의 직립 지대
욕심껏 커가는 종착지를 향해
순수해지는 합장 의식이다

깜빡 졸면 무너지는
애국가 같은 표정이거나
이마를 짚고 떨어지는 느낌표 같은
소나무 솟듯

깨어 있음이다
햇살도 받고
비바람도 받은
그래도 덜 미더운 함성 있다면

저 새도 공간을 질러 보기 위해 높이 난다
허공에 집을 지은 구름도 커졌다 작아졌다 노력한다
바람 부는 땅 위에서
철저히 희망을 보는 것이다.

눈이 내린단다

위쪽 지방에는 눈이 내린다고
봄을 두고 뜸하던 눈이 쌓인다고
원피스를 입은 일기예보에서도
함박눈이 펄펄 날리는 리포터 입술에서도
양털 같은 모자를 몇 센티미터 축복처럼 날리며
라디오에서도 종일 눈 노래만 내보내는데
군에 간 아들 눈 쓸 걱정에 한숨이 폭설처럼 내린다는데
큰 눈이 아니어도 좋다
경상도 사투리로 작은 눈이 아이라도 좋단 말이다
내리는 눈 보고 있는
생생하게 눈사람 되고 있는
약속도 없는 눈사람 자꾸만 굴리는
내가 남쪽 바닷가 마을에서 사는 그런 내가
보고 싶단 말이다 눈.

신년하례

부산여성문학인협회 인연들로 이어진
명예이사장
이사장 회장 문화교육원장이
회장 임명 한턱 핑계 삼아 해운대에 모였다

파라다이스 바다에
햇살은 일억 겁의 별처럼 총총 내리고
청명한 하늘처럼 건배를 쏘아 올리고
푸른 표정들은 새로 태어난 영혼처럼
영롱한 빛으로 십 년 우정의 때를 벗긴다

공경이라는 받들어 모심은
얼마나 사랑스럽고 신뢰스럽고 평화스러운 말인가
나이를 잊은 몸짓과 지식과 지혜는
상대방을 얼마나 우아하고 고급스럽게 하는가

포크와 칼을 양손에 쥐었으나
다음 달 월례회는 어떤 프로그램으로 할까
인문학 강좌 강사는 어느 인사를 모셔야
회원들이 좋아할까

음표처럼 빈 접시는 차례차례 치워지고
꽃밥을 먹지 않아도 속은 그득하여
바다도 모르는 사람처럼
해운대도 모르는 사람처럼

욕심 없는 얼굴에는
널따란 악수가 열두 번씩 흔들거리고
삼십 퍼센트 깎아 주는 회원 카드 또 빌려 쓰자며
계절도 없이 자꾸만 또 만나자
헤어짐을 거둘 줄 모르더라.

차를 마시며

무슨 차를 낼까요
전통 찻집이니 녹차로 하지요
영축산 물을 받아 끓이니 맛이 있지요

차를 우리는 차인과
차를 마시는 차인이
하늘과 땅과 사람이 즐겁다는 삼락다례원에서
영축산 자욱한 솔바람을 자아올리며 함께 젓는다

뜨겁지 않게 식지 않게
명주실 타래 같은 입술로 욕심을 삼가며 마신다
찻잔에 밴 향과 유열을 감싸며 온기를 즐긴다

조용히 기다리는 빈 잔처럼
뜨거운 열기를 가라앉히는 가마처럼
벽에 붙은 시를 풀고
창밖 뜰에 핀 나무와 하늘과 산을 들여
자생의 터를 넓힌다.

우한 폐렴

어린이 대여섯 스케이트보드를 타고 있다
겉옷도 목도리도 없이
사람이 사라져버린 영화의 전당에서 물결치고 있다

중국에는 사망자가 천오백 명이 넘었다 하고
광둥성 방문한 부부보다 어머니가 먼저 발병했다 하고

눈만 찬찬한 어른은
집 안에 있거나
차 안에 있거나

동을 트는 햇살은 아직 서녘을 몰라서 찬란하다
문명의 대지에서 어른의 오염을 씻어 내는 어린이 웃음소리

정체 모를 괴질 공포가 확산하는 때에
아직 부산은 청정구역
어린이들은 자꾸만 마스크를 쓰게 한다.

너도 나도 섬

매운바람이 불고 비가 세차게 내리던 오후
뜻밖에도 너는 왔다 안개

소통의 꿈이 뿔뿔이 흩어지는 듯했으나
용케 견디고 본래의 뜻을 잃지 않았다 섬

뚜우뚜우 즐겨 부르던 노래길
물갈이한 특징들이 다시 길잡이가 된
갈매기 물파도 타는 곳

너울 위에서
끝내 알다리로 서 있는
저도 노도 세존도 지심도 사량도 수우도 욕지도 만지도.

탓

사람들은 아프다 그랬다
사실 그랬다

몹쓸 상상력은 오지도 않은 두려움을 걱정했고
언젠가 올 것 같은 예감을 미리 추억했다

말이 부딪기를 기대했으나
아쉬움은 몰래 숨겼다

헛헛하다 했다
꽃이 꽃인 줄도 모르고 서럽다 했다

맑으면 맑은 대로 궂으면 궂은 대로
입버릇처럼 날씨 탓을 했다.

북소리

살 사린 가축이 울고 있다
두웅 두웅 두고 온 산을 넘지 못해 가슴을 치고 있다
바람에 가로 놓인 능선도 부욱 부욱 맞받고 있다
이른 아침 또는 저녁 눈을 뜨듯 또는 눈을 감듯
돌아서면 되돌아서게 하는 사무침
울음에도 날을 세워야 할 이유가 있는가
눈 감지 못한 어느 속의 짐승이 저처럼 울고 있다.

메신저

달음박질을 했지 수영강변을
저녁을 준비하는 이들이 서둘러 떠나고
가로등이 하나둘 켜지는 등나무 아래에서
부풀려 끌려다니는 어제 오늘 내일을 듣는다

하루해 굴러가는 규율 앞에
꽃 같은 소식이 적힌 통지문 앞에
조금 일찍 나온 개밥바라기는 아침에 일어나는 새벽 별

전자 수신을 풀잎처럼 쥐고
나름대로 애썼다고 생각지 못한
변명 전후하여 새로운 무엇을 보았을까

깨트리면 모조리 사라질 이름들 문장들
닫으면 어디론가 달아나고 돌아오는
뚜껑을 열면 경배부터 한다.

라일락

꽃말이 피던 심장부에
동심원이 날아와 앉았다
고백을 시늉하던 팻말이 아지랑이를 피웠다
어지러웠지만 동화가 흐르고
누이가 속삭일 때마다 훈풍이 일었다
머리카락에서는 비누 냄새가 났다
하늘 냄새라 했다
바다 냄새라 했다
그네에 앉아
수평선을 바라보는 날이 많아지면서
흐름의 길에 여운의 눈빛이 늘어나면서
누구의 것도 아닌 노래를 누이는
자주 불렀다
아무도 없어도 불렀다
오래된 노래는 누이를
가로수 그늘이라 했다
라일락 꽃향기라 했다.

뭉툭

한쪽 귀가 떨어진 밥그릇이 다시 나왔다
수직으로 하강하는 설거지물 아래에서
서툰 열 손가락 안에서
용케 맨살을 비켜 간다

어찌하여 그 손은 멈칫하지 않는가
생채기 난 적 있었지
아무도 모르게
육신에 갇힌 적 있었지

바닷가를 거닐며
어깨를 덮은 숄이 파도에 휩쓸려 갈 때
누구의 눈에도 띄지 않게
수평선으로 흘러가는 하나둘 별을 보았지

모서리도 닳아서 둥글어진다
다 먹은 밥도 알아서 살 속에 괸다
깨지지 않도록 주의하셔요
귀를 깨트린 그녀가 귀를 곧두세우고 있다.

인제 자작나무숲

하얀 숲에서 헤매던 길을 잃었다
숨지 않아도 숨겨질 만큼 줄기찬 생명

밀랍으로 걸어간 시가 있구나
햇발 무리 속으로 솟구치는 성좌들

웅크린 내 몸을 닦아주네
아무 말도 하기 싫은 말까지 닦아주네

벗어나면 착해진 내 언어 거둬들일까
묻지 않아도 기다랗게 기다려주는 힘

합장하듯 환히 서서
기운 체온 떠받치고 있다.

선택과 포기

한 길은 온갖 비밀스러운 이슬과 서리로 살아가는 길
한 길은 노상 달무리로 번진 생애가 걸려 있는 길

쥐락펴락 손바닥 손금은 그대로인데
자연미인이라는 그를 사람들은 쑥덕거렸다

막 눈 부신 해가 지고 얼굴엔 선명한 시냇물이 흘렀다
송년 파티에 귀고리 같은 입꼬리가 턱선을 살렸다
섣달이 재빨리 지나갔다

앞뒤가 똑같은 그믐과 새해가 맞물리면서
혼자서 거니는 길은 조급히 모여들었다
귀족인 양 결탁한 새벽이 창문을 열었다

자연은 그녀를 선택했고
그녀는 거짓 웃음을 포기했다.

맛있는 준비

띄엄띄엄 달리는 자동차길 건너
오시리아 관광단지 테마파크는 알고 있을까
뜨고 지는 같은 새벽 같은 일몰 맞는
철 대문이 이장 집인 백동길 마을 물소리농원

동백숲 밭두렁 푸성귀들이
우한 폐렴 비말 들끓는 도로를 관통하고
여닫은 적 없는 대문 안으로 들어왔다
신문지 포장보다 비싼 배달료를 치르며
공포가 되어버린 도시를 마스크 쓰고 달려왔다

어떻게 칼질할 것인가
어떻게 등가죽을 파닥파닥 벗겨 낼 것인가
어떻게 뜨거운 기름에 지글지글 전 지지고
펄펄 끓는 물에 데치고
매운 고춧가루 짠 젓국으로
생생한 목숨을 숨죽인단 말인가

부끄러운 몸살을 적시는
섭리가 울어 지어 감도는 저녁
아무렇지도 않게 지나간 일상
아무것도 모르고 찾아오는 경칩
꽉 찬 칩거를 선물한 도매금 침투는
거역할 수 없는 현실

초기에는 보균자 같은 심정으로
그러다가 성찰하는 마음으로
이젠 소중한 이 시간을 활용하는 반전의 기회로
빛나리라.

코로나19

우한 폐렴균이 전국을 휩쓸어 차도 없고 사람도 없는 외출을 겁도 없이 합니다

단골 불고깃집 안을 두리번거리다 불 꺼진 부산여성문학인협회 사무실에서 컵라면으로 점심을 때웁니다 우리나라 삼대사찰 중 출입을 삼가지 않는다는 통도사를 찾아갑니다

산책이 그립고 사람이 그립고 맑은 공기가 그립다는 걸 소홀히 했다는 그날들을 그리워하며 자동차 문을 활짝 열고 마스크를 살짝 내립니다 무풍한송로를 서행합니다

무심한 듯 계곡은 여전히 허물을 씻으며 흘러갑니다 영축산 중턱은 명절 같은 봄의 순결이 숲의 시간을 채워갑니다 낯익은 바람이 천년 고도를 아무리 후려쳐도 옥련암 공작새 치맛자락은 여전히 하오를 쪼아먹습니다

내 탓 네 탓이 무디어져 가서야 두려움도 공포의 가면도 벗어질까요 한결같은 돌부처도 미소로 다가올까요 서운암 손소독제로 손바닥을 비비며 창궐 코로나19가 무너져 내리기를 빌어봅니다

감았던 눈을 다시 뜨고 억지로 건 빗장을 기쁘게 다시 열기를 기원해 봅니다.

사회적 거리 두기

호객이 사라진 골목은
죽을 길인가 다시 살길인가
재난 문자 확인하는 자는
비난받을 자인가 대접받을 자인가
홀로 가는 길이 있다기에 마음의 귀에 길을 대고
물소리가 들리나 물었지
낙타 눈이 눈물도 없이 치어다 보네
근심이 퀭하네
혼자 가는 저 사람은
어제만큼 오늘 멀리 가는 모래바람
툭툭 털고 일어난다
걱정하지 마시게
내다보든 나가보든 잠시 흩어질 뿐

4부

바다

해 뜨기 전에 눈 비비며 달려가는 바다 송정
내 사는 반경이 늘어나는 만큼 반성하는 바다
내 부푼 움직임을 손질해야 하는 만큼 용서하는 바다
내 관심과 간섭이 갈등하는 간격을 제어하는 바다

바다의 모래밭에 새벽으로 서면 수평은 종이 한 장
젊은 물감을 부어준 꽃말이 기억할지라도
어린 어른을 지키는 쏴아쏴아 부서지는 광장
땅을 짚어 본 빈손이 되살아난다.

진지한 선물

달맞이꽃이 바삐 하얗게 변하는 걸 보았다
창을 뚫고 들어온 햇살도 없는데 재촉한 이도 없는데
기다렸다는 듯 서서히 밤의 허물을 벗는 몸짓
다시 절망이 온들 한 번쯤 축복 아닌 때가 어디 있으랴

하얀 낮달이 순식간에 노랗게 변하는 걸 보았다
뜨거운 모래사장 위에서 만신이 창백했는데
홀연히 기운을 일으켜 표적을 거는 간이역
아무 말이나 걸어도 넘치지 않는 집을 주었다.

백신

선방 섬돌 하얀 고무신
햇살 가득 담아 놓고
지나가는 사람들 놀다 가고
배롱나무 놀다 가고
꿈쩍도 안 하는 꽃다운 시절
사철 가람이 지나간다

문이 있어도 마음이 없고
마음이 있어도 흥을 깎는
한 시대 사바세계
면벽하는 묵언 스스로 자아
어머님 음성 따라간다
부처님 음성 따라간다.

엄마의 앞치마

천과 천을 이으며 바느질을 배우던 어릴 적 있었지
한 땀씩 확답을 끌어내듯 마무리하는 지점에서는
가위질 끝난 자수가 크고 작은 매듭을 감추어 주었지

처음 받은 영문 편지가 기념처럼 꽂히고
은초롱 빛 날개 손거울이 그날의 표정을 비추어 주면서
소녀는 숙녀가 되고 숙녀는 아이 엄마가 되었다

아버지 보내고 엄마는 풍금이 그리웠을까
건반 들이고 악보 놓고 서예학원 등록하고
요코하마 노래를 듣고 일본 대하소설 대망을 꺼내 읽었다

버튼을 누르면 눕고 일어나는 침대 발치에는
식사 때 목에 거는 엄마의 꽃분홍 앞치마가 걸려 있다
색실을 갈아주며 수예 앞치마 숙제를 도와주던 엄마

크고 작은 이야기들이 살던 이층 양옥집에는
체온을 데우던 손때들이 아직도 벽을 지키며 살고 있다
팽팽하게 수틀을 죄던 반세기 전 수예 앞치마
지금도 걸려 있다.

코

보기 싫으면 눈 감으면 되고
듣기 싫으면 귀 닫으면 되건만

손으로 막으면 되는
코 오래 막을 수 없네

조그마한 한 뙈기 두엄 아래
진달래 피고
빛깔 없는 새 떼 머물다 가도

시선 밖 내력 걸러 내는 높은 자리
허허벌판으로 엎드려도 추켜세워도
못 이룰 리 없이 확장하는 고원.

고양이 일기

십 년은 넘었을 것이다 길고양이
그 집 딸 지금 고등학교 삼학년이니까
엄마 올 때를 기다리며 같이 놀기에는
엄마도 좋았을 것이다 딸을 살리기 위해서

오늘도 그 집 앞에서 울고 있네
때 묻은 털을 털어내듯 철문 열릴 때까지
이 세상 모든 슬픔이 고와질 때까지
기력을 잃어가는 언어로 내게 오는가

서산 꽃불도 궁금 닫아걸었는데
안 된다고 하면서도 훔치고 싶었던 소리
들려오네 모른 척 이력을 고치던 원형의 소리
어디서 고요가 달려오다 잡힐 듯 묻어난다.

새

어찌하여 적막 속에 와서 우나
보이지도 않고 들은 적도 없는 맑고 깨끗한 소리

두세 잔 술잔 같은 목을 축이는 사이
처음처럼 가버렸네 신비한 소리

미련 없이 순수한 내 울음도 새가 된다
발끝에 올라서서 태양 속에서.

산에서 얻는다

길이 끝나는 곳에서 다시 시작한다
많은 계절이 약속되는 때
잃었던 바람들은 얼마나 어려운 길을 돌아 돌아
얼룩진 짐을 지워 왔는가

가다 보면 제자리 백지 구름
무수히 걸었던 하늘과 산 사이
산 넘어 산처럼 산빛으로 젖어 드는 이유
높게 낮게 밀리고 끌리는 탓 가르친다

어울리지 않는 옷에 혼신을 발열하던
바람 불어와 우수수 떨어져 나가는 업장의 묶음들
목적 없이 쉬고 싶을 때
버리는 걸 외면하지 않으면 모른다

산정에 서면 지배하던 군주는 나무처럼 작아지는 휴머니즘
그저 지켜보는 자가 된다 빈 걸 껴안는 사람이 된다
스스로 축복받는 생명의 대지
그렇게 다니던 산 불러 본다.

빗소리

동백꽃 머물던 자리에 비가 내린다
꽃 아닌 이야기 꽃마음 되어 윤기 흐른다

동백나무 아래 뚝 떨어져 눈을 뜨게 하는 동백꽃 송이들
어디론가 가고 있는 동공에도 만강이 흐른다

보기만 해도 흔들리던 때
다시는 흔들리지 않으리라 소리쳐 부르던 때

중심을 향해 다그치던 빗소리
다시 모여 이어주는 분명한 방울 소리 있다.

낯선 길

평생 낯선 곳을 두려워하시던 어머니
혼자서는 은행도 병원도 동사무소도 경로당도
안 가시던 어머니
그러나 낯선 간식은 잘도 만들어 내시던 어머니

그곳은 어찌 가셨을까
거기서도
명절이면 송편 강정 떡시루 유과 약과 잘도 만들어
즐거우실까

어젯밤 꿈에는
분홍색 블라우스 분홍색 긴 치마 긴 스카프를 목에
길게 늘어트리시고
슬쩍 뒤돌으셨네

꼿꼿한 허리 쭉 뻗으신 다리 치마 끝 닳아져도 그 길 만은
푸르게 풀도 나지 않았으면 좋겠네 그랬으면 좋겠네
아무것도 없는 나라 만장 같은 나라 움직임이 그리운
나의 어머니.

김밥 한 줄

은박지 위에 놓인 김밥 한 줄
자투리 당근도 물살 소리 시큼한 단무지도
한 통 속에 엎드려 때를 놓친
허기 한 줄 들여다보고 있다

바쁜 사람 절반
외로운 사람 절반
장국 한 모금으로 한고비 넘기는 건
김밥 한 알 아직 눈앞에 남아 있기 때문

누구보다 나를 잘 아는 한 알이
누구보다 필요한 너 한 알이
맑음 때로는 흐림 이 한 알을
여물게 하는 때문이다.

이팝나무에 꽃이 피면

천 년인 양 비에 젖는 이팝나무
저도 굶주려 한 사발 비를 마시는가
쟁기질 땡볕에 삭아지던 시절

일은 힘들고 해는 길고 배는 고프고
냉수 들이키고 꽃밥 한 번 쳐다보고
낮달도 멀었던 흰옷 한 자락

일생을 나무 심고 나무 아래 의자 놓고
물이 아쉽지 않은 곡우절
책을 든 그대에게 안타까움 푸신다

이팝은 이밥이라고 농노가 부르던 쌀밥이라고
사중 어른
오늘도 한 줄 내력 보릿고개처럼 이르신다.

가볍게 흔들리지 않는다

수궁이 자주 흔들렸다
호스에서 물방울이 뿜어져 나올 때마다
물고기는 세금처럼 꿈틀거렸다
소라 껍데기가 건반처럼 움직일 때도
물은 두근거렸다
수초 사이를 셋방처럼 들추어 봤을 때
반짝하고 트고 있는 것
또는 평온처럼 유영하고 있는 것
밤잠 설친 까닭 모르고
새벽잠 설친 수줍음 모르고
슬하인 줄도 모르고 슬하를 거느린
하나 둘 셋 넷 티끌까지 모아
고스란히 동거하는 열대 치어
녹록하지 않은 치열은 가볍게 흔들리지 않는다

복만이와 정원

붓글씨로 쓰고 조각칼로 음각한
나무 문패 이름은 강산호다
정화와 하준이 무한대로 들여놓은 자유롭게다
눈에 보이는 것들은 나를 사랑하는 것들
새집 같은 우체통으로 들어가 보면 안다

진정한 나무 냄새 강의 냄새
천왕봉이 내려다보는 지리산 냄새
이 냄새를 키우려 복만이네는 얼마나 많은
노루를 불러들였으며 멧돼지 먹이를 놓았으며
개구리울음 속으로 들어갔을까

봄마다 생명의 씨를 물고 오는 새들
옛 생각 부리는 허공에서
색 바랜 나뭇잎 억새꽃으로 날아다니고
산등성이 삭발하는 가슴 바라보고
눈이 내리고
오손도손 구름이나 흩어 놓고

도시를 잊고 사는 사람아
날 저물도록 강물을 바라보던
우리의 희망은 무엇이었을까
마냥 꼬리를 흔들어대는 복만이의 공을 따라 굴리며
도라지꽃 한 송이 수채화로 펼쳐 그리는
너의 손을 들어 보이는 일이다.

한글날

육이오를 겪고 타지에서 만난 어머니 아버지는
늦은 나이에 본 딸에게 이름을 지어 주었다
중국어도 일본어도 영어도
서슴없이 말하고 읽고 쓰는 신식 부모는
한글이 쉽다고 생일도 한글날로 호적에 올렸다

밥을 먹을 때도 의자에 앉아서 먹고
벌을 설 때도 단상에 올라간 아이가
해만 지면 놀다 와서 투정을 부렸다
아이는 오늘도 고무줄놀이 때 구경만 했다

부를 때 아이 이름에는
받침이 없다 지붕도 없다
지성임을 헤아려 떠날 때는 말 없이
아이들은 놀리며 가나다 서나다

아이는 커서 알았다
이순이 되어서도 착하고 예쁘다는 소리를 듣고서야
귀한 줄 알았다
아버지는 이미 안 계시고
어머니는 이제 날짜 요일을 모른다
그러나 큰딸 생일은 안다 한글날이라고.

고맙다

그 집에도 이젠 손님이 생겼다
반질반질 하얀 가마솥에서는
뿌연 김만 무성하게 피어올랐었는데
가마솥 옆에서 주방 모자 쓴 남자가
자주 팔짱을 끼고 담배를 피우곤 했었는데
정류장도 지나고 버스도 돌아가는 곡각 지점에
이제 그 남자 보이지 않는다
반쯤 가려진 벽유리 너머로 보이는
주인 같은 또는 머리 반만 보이는 형체의 사람들이
머리를 숙이고 뜨거움을 먹고 있다
가로수도 가로등도 띄엄띄엄 소등한
하루를 거두고 있다
사람들은 왜 손님이 없는 식당엔 가지 않는 걸까
돼지국밥을 먹지 못하는 내가
새로 늘린 주차장까지 마음이 쏠린 내가
일 년여 월세를 걱정하게 한 돼지국밥집을 지나며
고맙다 고맙다 한다
국밥 한 그릇을 비우는 저 사람들
졸아드는 국물을 저으며 땀으로 버텼을
그 남자를 고맙다 한다.

| 해설 |

공감과 깨달음의 시적 수행

– 김선아의 시세계

구모룡 | 문학평론가

시를 쓰면서 시인은 세 가지 일을 함께 실행한다. 먼저 자기를 표현하는 일이다. 내면을 들여다보고 외부 사물과 만나면서 발생하는 느낌을 표출한다. 이럴 때 감정과 지각의 주체인 자아를 생각하게 된다. 다음은 세계다. 사람을 만나고 풍경과 사건을 접하면서 그에 대한 정서적 교감과 인식을 나타낸다. 이 과정에서 어떠한 사물을 선택하고 배치하는 일은 의식의 지향과 연관되는 시적 지평의 문제이다. 마지막 세 번째가 언어이다. 논자에 따라 언어를 전면에 내세우기도 한다. 언어의 쇄신이 시의 쇄신을 가져오기 때문이다. 그런데 자아와 외부 세계에 대한 시인의 지향과 지평이 언어의 새로움을 통하여 표현된다는 점에서 이 세 가지 일은 선후가 없다. 자아와 세계와 언어는 서로 연동되어 움직인다. 시인에 따라서 어느 쪽에 더 많은 관심을 둘 수 있다. 김선아의 시는 사물을 좇아 조응하고 내면을 응시하면서 인식을 새롭게 한다. 그녀에게 시와 삶은 분리되지 않는다. 생활 속에서 시는 공감과 지각을 매개하는 수행에 가깝다.

> 달력 속 홍매가/잊었던 기억을 들추어낸다/속옷을 갈아입고 화장을 하며/타올랐던 한 폭의 어린 동양화/하나라서 돋보였던/그 하나가 감쪽같이 사라졌다/홍매화가 홍매화인 줄 모르는/또 다른 누군가가 뽑아/어느 트럭으로 팔려 갔을까/장작더미에 던져졌을까/달력 속 청기와를 반쯤 가린/풍경 속에서/한순간을 생이별로 마감한/심중의 절 한 채/그 찰나를 함께 한 기품 본다.
>
> —「홍매」 전문

달력 속에 있던 홍매가 뽑혀 나간 사실을 접하면서 기억 속의 홍매를 그려낸다. 상실과 더불어 찾아오는 추억의 의미가 새롭다. 내면의 이미지로 새겨진 홍매는 "심중의 절 한 채"에 비유된다. 여전하게 "찰나를 함께 한 기품"으로 존재를 충격하고 있다. 현실에서 사라졌으나 그것의 이미지는 마음속에서 환하게 자리하며 아름다움의 빛을 지속한다. 이처럼 시적 경험은 늘 존재를 새롭게 한다. 일상을 흔들면서 자아의 내부를 환기하고 시인의 삶을 매개하면서 잔잔한 수행으로 발전한다. 시는 "너에게 바람이 있듯이/내게도 바람이 있으면 좋겠다"라는 「바람의 향기」의 첫 구절에 등장하는 "바람"과 같이 사물과 존재 사이를 소통한다. 바람의 이미지는 "닻이 없는” 형태의 유동적인 흐름을 의미한다. 시적 화자가 이와 같은 “바람의 향기”를 품고자 하는 까닭은 자아의 유동성을 담보하면서 가치를 지닌 의식의 지향을 견지하려는 데 있다. 이와 같은 시적 지향은 매우 다채롭다. 시적 경험을 삶의 연장으로 인식하는 가운데 사물을 통하여 배우고 지각하며 그와 동화하는 마음의 상태를 추구한다.

> 오늘도 살얼음 같은 삶/바닥 쳐 보지만/비껴갈 수 없네/정복처럼 일어나는 작은 풀 한 포기도/이미 땅 위를 다 하고 누운 주검까지도/짓밟고 지나가야 하는 숙명의 발//발꿈치마다 흰 꽃을 피우며/조문하고 간다/조문하다 지치면/돌아와 발라내는 그렁한 땀 누런 말들/수돗물 틀어 놓고 수북하게 쏟아낸다/생멸을 밟고 온 발이 맨발로 속죄하고 있다
>
> ―「발」 전문

시적 경험이 삶의 문제를 직절直截하게 풀어내는 방식을 잘 보여주는 시편이다. 삶의 정황을 대지의 풀을 밟고 지나가야 하는 숙명에 견준다. 생명에 대한 정복과 폭력을 피할 수 없는 인간의 조건을 간절한 심정으로 인식한다. 발에 밟혀 죽은 주검들을 조문하고 “그렁한 땀 누런 말들”을 걷어내면서 “생멸을 밟고 온 발”을 속죄한다. 도저한 생명 의식의 표출이다. 이 지점에서 시인의 시적 지향 속에 불도佛道가 내면화되고 있음을 알기 어렵지 않다. 그러니까 이러한 수행 의지가 시작의 밑바탕이라

해도 과언이 아니다. 시의 길은 목적지를 앞에 둔 여로가 아니며 끝없는 도상의 과정이다. 오직 과정이 전부다. 사물과 풍경에 민활하게 반응하고 섬세한 감각으로 변화를 지각한다. 가령 「바람과 해먹」을 보자.

> 바람은 해먹을 잡아 두고 싶어/수없이 흔들고/해먹은 바람을 잡을 수 없어/수시로 제 몸을 민다//보이지 않는 것이 제 탓 같아서/해먹은 늘 배가 고프고/잡고 있지 않으면 멀어질 것 같아서/밤이나 낮이나 바람은 풍경을 쳤다//보이는 것과 안 보이는 것은 포장 차이일 뿐/보이는 것은 온몸으로 부딪혀서 생을 꾸렸고/안 보이는 것은 사력을 다해 앞잡이 했다/해먹이 움직일 때마다 풍경은 소리를 냈다.
>
> —「바람과 해먹」 전문

이 시에서도 "바람"은 상상과 의식 현상을 인도한다. 단순하게 읽을 때 바람과 해먹과 풍경의 관계가 상호의존적이고 유기적임을 말한다. 단지 이러한 사실만을 이야기하고 있는가? 무엇보다 보이는 것과 보이지 않는 것의 현상을 두루 지각하는 의식이 중요하다. 이는 의식의 확대이며 경험적이고 시적인 지평을 확장하는 일이다. 사물에서 세계로 이월하거나 다른 세계로 초월하는 일이 수월하게 이뤄질 때 언어의 추상화를 피할 수 없다. 이 시는 사물 관계의 층위가 심화하면서 점층적인 맥락을 획득하는 구체적인 양상을 주목하게 한다. 바로 추상화를 거부하는, 생명의 역장力場을 느낄 수 있다.

김선아는 시적 새로움을 위하여 일상과 생활을 희생하는 미학적 고립주의를 선택하지 않는다. 삶 속에서 풍경을 만나고 사물을 발견하며 기억을 되새기고 자아를 각성한다. 시는 이러한 마음의 움직임에서 생성한다. 가령 「동초」에서 시적 화자는 “동초”를 먹으면서 “하루의 노동을 땅에서 거둔 신화가 선명해지는/나눔의 법칙 이슥해지도록 배운다.” 하나의 생명체에 깃든 노동과 노고를 기억하면서 “나눔의 법칙”이라는 생의 가치를 인식한다. 또한 「물소리연록차」도 이와 흡사하게 따고 말린 차를 지니고 오는 일행들이 초록으로 동화되는 모습을 경쾌한 리듬으로 그려내고 있다.

벽장 안에는 화개장터에서 사 온/생활복 여러 벌/스탠드 옷걸이엔 부산진시장에서 천 원씩 주고 산/빨강 파랑 꽃모자/신발장에는 아무 발이나 쑥 들어가는/흙 묻은 운동화 장화 여러 켤레//기장군 백동리 물소리농원에는/상추 오이 가지 고추/매실나무 살구나무 각종 과수 수종 있지만/옻칠전시회 관람 잘하고/돌아오는 29인승 버스 안에서는/우리가 따고 우리가 말린 차/물소리연록차라 자랑하며 호흡을 축입니다//골고루 알아차릴 완벽한 시간 풀지 않으시려나요/긴 마음 짧은 마음 잔뜩 피운 잔등에/피지 못한 사람 냄새까지 풍기며 초록으로 가는/우리는 가부좌 속으로 진화하는 당신 두드리는/차나무 더운 김 담겨 있는 송이송이 차나무.

— 「물소리연록차」 전문

이 시는 1연의 절제된 장면 묘사와 2연의 압축된 이야기의 서술을 동반하면서 3연에서 의미를 증폭하는 구성을 보인다. 1연은 거의 정물화에 가깝다. 이와 같은 정적인 이미지들은 2연의 움직임이 있는 서술로써 이야기를 품는다. 물론 1연의 정물에도 사람들과 그들의 노동이 담겨 있다. 하루의 일과를 요약한 2연을 지나서 3연의 귀환은 사람들의 모임과 연대를 외면의 "냄새"와 내면의 "마음"이 한데 어우러진 풍경으로 그려내는데, 마침내 "초록"이 육화된 "송이송이 차나무"의 형국으로 변전한다. 초록의 물이 스며들어 유기적인 생명의 그물망을 이루었다. "물소리농원"과 그곳에서 만들어진 차를 "물소리연록차"라 명명한 연유를 말하는 데서 그치지 않고 스밈으로 서로 연결하고 생성하는 생명의 근원인 물의 물질적 상상력을 부각하는 시적 성취를 얻는다. "우리는 가부좌 속으로 진화하는 당신 두드리는/차나무 더운 김 담겨 있는 송이송이 차나무"라는, 생동하는 결구가 아름답다. 감정을 절제하고 객관적 상관물을 부각한 시법의 성취이다. 이러한 태도는 비교적 감정의 토로가 분명한 「하얀 핀을 그대로 꽂고」에서 잘 나타난다. 어머니와의 사별이라는 격정의 정황을 "하얀 핀을 그대로 꽂고"라는 이미지와 결부한다. 이를 통해 "머리는 의심하지 않았고/가슴은 인정하지 않았다"라는 충일한 슬픔과 애도의 감정을 승화한다. 여기서 나는, 거듭 시인의 절제된 어법에 관여하는 수행의 태도를 생각하게 된다. 예를 들어서 「통도사 반야용선」과 같은 시편에서 보이는 지향을 들 수 있다. "얼마나 빌어야 저 배를 탈 수 있나/습관처럼 저절로 두 손 모아지나/이 간절함도 탐심이라면/알아차리고 쉬운 길이라 여겨야지"라고 말하는 시적 화자의 진정한 자아에 대한 갈망을 상기한다. 또한 "돌아보지도 말고/기웃거리지도 말고/하나가 되어 앞만 보고 자야지"라는 구도자의 의지가 뚜렷함을 인식한다. 마침내 "함께 가야지 새로운 탄생을 향하여"라는 결구에 이르러 참된 자기와 대면하려는 신생의 기대 지평이 있다.

> 무슨 차를 낼까요/전통 찻집이니 녹차로 하지요/영축산 물을 받아 끓이니 맛이 있지요//차를 우리는 차인과/차를 마시는 차인이/하늘과 땅과 사람이 즐겁다는 삼락다례원에서/영축산 자욱한 솔바람을 자아올리며 함께 젓는다//뜨겁지 않게 식지 않게/명주실 타래 같은 입술로 욕심을 삼가며 마신다/찻잔에 밴 향과 유열을 감싸며 온기를 즐긴다//조용히 기다리는 빈 잔처럼/뜨거운 열기를 가라앉히는 가마처럼/벽에 붙은 시를 풀고/창밖 뜰에 핀 나무와 하늘과 산을 들여/자생의 터를 넓힌다.
>
> ㅡ「차를 마시며」 전문

영축산과 통도사(통도사와 연관된 시편들이 다수 있음을 주목하라)는 시인의 삶과 시에서 중요한 장소이다. 산과 도량(道場)과 찻집이 있는 곳이다. 산은 자연을 의미하여 도량은 마음공부의 공간이다. 이 속에서 사람들을 만나고 대화를 나누는 곳이 찻집이다. 가령 인용한 시에 등장하는 "삼락다례원"이 시인의 시적 의도에 상응하여 이를 대표한다고 여겨진다. 시인의 궁극적인 관심은 "하늘과 땅과 사람"을 아우르는 본디의 세계를 향한다. "자욱한 솔바람"과 더불어 차를 마시는 행위는 "욕심"을 제어하고 "열기를 가라앉히고" 기다림과 비움을 자세를 견지한다. 기다림이나 비움은 달리 어떤 그리움이다. "자생의 터"라고 표현된 진정한 생명과 참된 자기와 만나는 일이다. 이러한 과정에 시가 있고 시가 쓰인다. 물론 이러한 시인의 입장을 탈속주의나 초월주의로 이해하긴 어렵다. 무엇보다 일상성과 생활 세계의 구체적인 세부를 회피하지 않기 때문이다. 시인은 범속함 속에서 시적인 트임을 추구한다. 이를 통해 삶의 구체성을 놓치지 않으면서 사물의 이치와 "본래의 뜻"(「너도 나도 섬」에서)을 구한다. 이제 시집의 표제시인 「뭉툭」을 읽자.

> 한쪽 귀가 떨어진 밥그릇이 다시 나왔다/수직으로 하강하는 설거지물 아래에서/서툰 열 손가락 안에서/용케 맨살을 비켜 간다//어찌하여 그 손은 멈칫하지 않는가/생채기 난 적 있었지/아무도 모르게/육신에 갇힌 적 있었지//바닷가를 거닐며/어깨를 덮은 숄이 파도에 휩쓸려 갈 때/누구의 눈에도 띄지 않게/수평선으로 흘러가는 하나둘 별을 보았지//모서리도 닳아서 둥글어진다/다 먹은 밥도 알아서 살 속에 괸다/깨지지 않도록 주의하셔요/귀를 깨트

린 그녀가 귀를 곤두세우고 있다.

—「뭉툭」 전문

상실이든 상처든, 그 어떤 형태의 고통이든, 이 시는 이들을 수용하는 시인의 태도를 잘 보여준다. "한쪽 귀가 떨어진 밥그릇"이나 "생채기" 그리고 "파도에 휩쓸려" 간 "솥" 등은 상처와 상실을 지시하는 은유들이다. 1연에서 말하듯이 이들은 "용케 맨살을 비켜" 가기도 하고 2연처럼 "아무도 모르게/육신에 갇힌" 상태가 되기도 한다. 특히 3연에서 시적 화자가 보인 태도가 주목된다. 그것은 상실의 상황에서 "누구의 눈에도 띄지 않게/수평선을 흘러가는 하나둘 별을" 보는 행위이다. 어떤 의미에서 내적 초월이라고 할 수 있겠다. 이는 "모서리도 닳아서 둥글어진다"라는 구절이 함축하는 의미와 같은 맥락을 지닌다. 시인은 외부의 사건을 존재를 수련하는 과정으로 받아들이고 상처와 상실을 수락하고 극복한다. 가령 「북소리」는 내적 초월의 의미를 잘 함축한다.

> 살 사린 가축이 울고 있다/두웅 두웅 두고 온 산을 넘지 못해 가슴을 치고 있다/바람에 가로 놓인 능선도 부욱 부욱 맞받고 있다/이른 아침 또는 저녁 눈을 뜨듯 또는 눈을 감듯/돌아서면 되돌아서게 하는 사무침/울음에도 날을 세워야 할 이유가 있는가/눈 감지 못한 어느 속의 짐승이 저처럼 울고 있다.
>
> —「북소리」 전문

시적 화자는 "북소리"를 통하여 기원의 짐승을 떠올린다. 이는 사물의 심층을 읽는 시인의 시선을 알게 한다. 사물과 풍경은 그 깊이를 지니게 마련이며 곧 마음의 심연으로 이어진다. 인용한 시편은 북소리의 현상에서 시작하여 짐승의 한 맺힌 "울음"으로 거슬러 간다. 이와 달리 「인제 자작나무숲」은 "밀림으로 들어간 시"의 세계를 말한다. "햇빛 무리 속으로 솟구치는 성좌들"의 상승하는 기운에서 시적인 것을 포획한다. 「눈」에서 말하는 "지극히 광휘를 읊는 새"나 「소나무」가 진술하는 "최후의 선언" 혹은 "딛고 서 있는 푸른 귀 같은 심중 같은/천공에 기원하는 낭떠러지 소나무"의 지향도 수직적 초월의 계보에 속한다. 세속의 구체적인 삶을 이격하지 않고서 시인은 풍경의 심층을 만나고 노래한다. 모두 그 속에 수행적 가치를 담고 있기 때문이다.

> 우주를 다 숨 쉬고도 모자란 음성으로/우뚝 쌓아 올린 자의 직립 지대/욕심껏 커가는 종착지를 향해/순수해지는 합장 의식이다//깜빡 졸면 무너지는/애국가 같은 표정이거나/이마를 짚고 떨어지는 느낌표 같은/소나무 솟듯//깨어 있음이다/햇살도 받고/비바람도 받은/그래도 덜 미더운 함성 있다면//저 새도 공간을 질러 보기 위해 높이 난다/허공에 집을 지은 구름도 커졌다 작아졌다 노력한다/바람 부는 땅 위에서/철저히 희망을 보는 것이다.
>
> —「절벽」 전문

수직과 수평, 원심력과 구심력은 의식과 지형의 자장을 형성하는 벡터들이다. 우리는 수평선 위의 별을 바라보거나 수직 상응하는 나무와 비상하는 새를 통하여 존재의 비약을 꿈꾼다. 대지를 놓치고 초월을 염원할 때 기화하는 초월주의가 발생한다. 그러나 바탕을 망각하지 않는 상승은 인용한 시편이 말하듯이 "순수한 합장 의식"이거나 "깨어 있음"이다. "바람 부는 땅 위에서/철저히 희망을 보는 것이다." 물론 시인의 시적 행보에서 어떤 망설임이 있을 수 있다. 설렘과 기다림과 그리움이 없다면 시적 진전은 매우 더디게 나타날 수밖에 없다. 예를 들어 역사적 유산과 인물을 기념하는 시편들에서 시적 긴장이 줄어드는 현상을 생각한다. 아울러 「고맙다」와 같은 시편처럼 사회 현실을 밋밋하게 서술하는 경우가 없지 않다. 구체적인 사실을 매개한 범속한 트임이 쉽지 않다. 하지만 시인이 보인 여러 지향을 하나의 지평으로 축소할 필요는 없다. 사물과 풍경을 만나 공감하면서 존재를 개진하는 시적 수행이 무엇보다 종요롭다. "다시 절망이 온들 한 번쯤 축복 아닌 때가 어디 있으랴"(「진지한 선물」에서)라는 역설을 믿는 존재의 의지, 시적 의지를 주목한다. 또 "면벽하는 묵언 스스로 자아"(「백신」에서) 나아가는 수행의 태도를 기억해야 할 것이다. "못 이룰 이 없이 확장하는 고원"(「코」에서)을 지평으로 삼고, "원형의 소리"를 지향하는 시 의식이 돌올하지 않은가. "미련 없이 순수한 내 울음도 새가 된다/발끝에 올라서서 태양 속에서"(「새」에서)와 "길이 끝나는 곳에서 다시 시작한다”(「산에서 얻는다」에서)는 시적 초극의 미학마저 뿜어낸다.

「무지개」는 아름다운 시편이다. “홀연히 술래처럼 나와/먼 이역으로 이끄는 하늘 밑 열차”라는 은유로 시작하여 “하늘을 달리던 사립문 밖 소리/없어지지 않는 나라 뼛속의 나라”로 맺는바, 대지로부터 하늘로 이어지는 상승과 하강의 변증을 서술한다. 그 중간에 “머물고 떠남을 알아버린 대화”가 있고 “누군가의 둥그런 등이 되어 보는 것/미처 부리지 못한 시간의 종이 되어 보는 것”이라는 공감의 지평이 존재한다. “갠 비처럼 소생하는 나래를 펄럭여 보는 것/들리네 가슴의 물결 소리”에 이르러 간절한 마음의 심연이 느껴진다. 이처럼 김선아의 시는 삶의 고된 바탕 위에서 “눈부신 희열”(「다시 또 금낭화」에서)을 피어 올린다. 사물과 풍경의 깊이를 새기면서 존재를 끌어올리는 긴장된 수행을 지속한다.